पहली लाइन ग़ालिब की, पर बाकी ग़ज़ल मेरी

बेनिशाँ

BookLeaf Publishing

India | USA | UK

लेखक परिचय

बेनिशाँ का असली नाम योगेश कुमार है। ये पिछले *20* वर्ष से कनाडा निवासी हैं।इसके पहले आप भारत में पढ़े, इंजीनियर बने व भारत में नौकरी की।

बेनिशाँ ने उर्दू की पढ़ाई नहीं की, न ही वे उर्दू लिपि पढ़ - लिख सकते हैं।आपकी गजलों की रचना सूफियाना तरीके पर है।

उनके शब्दों में गजलें लिखना उनके लिए "इबादत का तरीका है"। जीव व ईश्वर के बीच की वार्ता है।

अपनी बात

इस संग्रह में सिर्फ गालिब ही नहीं बल्कि और भी कई मशहूर शायर हैं जिनके उपर मैंने हाथ साफ किया है।

पता नहीं आपको ये गजलें पसंद आएगी या नहीं क्यों कि तर्ज इनकी सूफियाना है।

पढ़ते रहिए ..

1. आह को चाहिए इक उम्र असर होने तक 12

2. दिल ही तो है न संगो खिश्त दर्द से भर न आए क्यों 13

3. यह न थी हमारी किस्मत कि विसाले यार होता 14

4. आंखों का था कसूर न दिल का कसूर था 15

5. अपना गम ले के कहीं और न जाया जाए 16

6. बुझी हुई शमा का धुआं हूं और अपने मरकज को जा रहा हूं 17

7. पत्ता पत्ता बूटा बूटा हाल हमारा जाने है 18

8. अर्ज ए नियाज़ ए इश्क के काबिल नहीं रहा 19

9. अपने हाथों की लकीरों में सजा ले मुझको 20

10. आहट सी कोई आए तो लगता है कि तुम हो 21

11. ए जज्बा ए दिल अगर मैं चाहूं हर चीज मुकाबिल आ जाए 22

12. कभी ए हकीकत ए मुंतज़र नजर आ लिबास ए मजाज़ में 23

13. कभी किसी को मुकम्मल जहां नहीं मिलता 24

14. कल चौदहवीं की रात थी शब भर रहा चर्चा तेरा 25

15. खबरे तहय्युरे इश्क सुन न जुनूं रहा न परी रही 26

16. चुपके चुपके रात दिन आंसू बहाना याद है 27

17. संग हर शख्स ने हाथों में उठा रखा है 28

18. दिल चीज क्या है आप मेरी जान लीजिए 29

19. तुम्हारे खत में नया इक सलाम किसका था 30

20. न किसी की आंख का नूर हूं न किसी के दिल का करार हूं 31

21. दीवारों से मिलकर रोना अच्छा लगता है 32

22. मेरे हमसफर मेरे हमनवा मुझे दोस्त बनकर दगा ना दे....................33

23. मैं ख्याल हूं किसी और का मुझे सोचता कोई और है....................34

24. यूं ही बेसबब न फिरा करो कोई शाम घर में रहा करो....................35

25. रंजिश ही सही दिल ही दुखाने के लिए आ....................36

26. रहिए अब ऐसी जगह चल कर जहां कोई ना हो....................37

27. रौशन जमाले यार से है अंजुमन तमाम....................38

28. लगता नहीं है दिल मेरा उजड़े दयार में....................39

29. वो जो हम में तुम में करार था तुम्हें याद हो कि न याद हो............40

30. शामे फिराक अब न पूछ आई और आकर टल गई....................41

31. सरकती जाए है रुख़ से नकाब आहिस्ता आहिस्ता....................42

32. सोजे ग़म दे कर मुझे उसने यह इरशाद किया....................43

33. हंगामा है क्यों बरपा थोड़ी सी जो पी ली है....................44

34. हजारों ख्वाहिशें ऐसी कि हर ख्वाहिश पे दम निकले....................45

35. हर एक बात पे कहते हो तुम कि तू क्या है....................46

36. अपनी धुन में रहता हूं मैं भी तेरे जैसा हूं....................47

37. अब के हम बिछड़े तो शायद ख्वाबों में मिलें....................48

38. ए खुदा रेत के सेहरा को समंदर कर दे....................49

39. उनको यह शिकायत है कि हम कुछ नहीं कहते....................50

40. गुलों में रंग भरे बाद ए नौ बहार चले....................51

41. जुस्तजू जिसकी थी उसको तो ना पाया हमने....................52

42. चेहरे पर खुशी छा जाती है आंखों में सुरूर आ जाता है....................53

43. दुनिया में हूं दुनिया का तलबगार नहीं हूं....................54

44. दुनिया जिसे कहते हैं जादू का खिलौना है 55

45. तस्कीन को हम न रोएं जो ज़ौके नजर मिले 56

46. तुम इतना जो मुस्कुरा रहे हो क्या गम है जिसको छुपा रहे हो 57

47. तन्हा तन्हा दुख झेलेंगे महफिल महफिल गाएंगे 58

48. नुक्ताचीं है गमे दिल उसको सुनाए ना बने 59

49. न था कुछ था तो खुदा था ना कुछ होता तो खुदा होता 60

50. दिल में एक लहर सी उठी है अभी कोई ताजा हवा चली है अभी 61

51. बात साकी की न टाली जाएगी करके तौबा तोड़ डाली जाएगी 62

52. बाज़ीचा ए अतफाल है दुनिया मेरे आगे 63

53. बस कि दुश्वार है हर काम का आसां होना 64

54. रोया करेंगे आप भी पेहरों इसी तरह 65

55. देर लगी आने में तुमको शुक्र है फिर भी आए तो 66

56. बात करनी मुझे मुश्किल कभी ऐसी तो न थी 67

57. आपकी याद आती रही रात भर 68

58. लाखों में इंतखाब के काबिल बना दिया 69

59. यह दिल यह पागल दिल मेरा क्यों बुझ गया आवारगी 70

60. यह क्या जगह है दोस्तों यह कौन सा दयार है 71

61. मुंह की बात सुने हर कोई दिल के दर्द को जाने कौन 72

62. मुझे सहल हो गई मंजिलें व हवा के रुख भी बदल गए 73

63. एक लफजे मोहब्बत का अदना यह फसाना है 74

64. मुद्दत हुई है यार को मेहमां किए हुए 75

65. बहुत पहले से उन कदमों की आहट जान लेते हैं 76

66. आंखों में बस के दिल में समा कर चले गए 77

67. सितारों से आगे जहां और भी हैं 78

68. कोई सागर दिल को बहलाता नहीं 79

69. रुके रुके से कदम रुक के बार बार चले 80

1. आह को चाहिए इक उम्र असर होने तक

आह को चाहिए इक उम्र असर होने तक
पिला दे नजरों के जाम बेखबर होने तक

तेरा आना न आना तेरी मौज पर हुआ मौकूफ
हम भी करेंगे इंतजार तेरे हमसफर होने तक

बैठा हूं मैकदे में जैसे प्यासा हो साइल
क्या वक्त को रोके रखूं तेरी नज़र होने तक

आंखों से आंसू कभी टपके नहीं मेरे बरसों
अच्छी लगी कहानी तेरी चश्मेतर होने तक

क्या शबे विसाल थी और क्या जमाल था तेरा
फैज़ फिर उतरता रहा रात के सहर होने तक

उस आशुफ्ता मिजाजी का किस तरह से करूं बयां
इंतजार में रहा मैं उसकी अजमत की नजर होने तक

फिर ऐसा वक्त भी आया कहर सा हो गया बरपा
जाम पर जाम चले फिर रात गुजर होने तक

बना बना के बुत तुमने तोड़ बरबाद कर दिए सारे
मिस्मार कितने करोगे 'बेनिशाँ' अब मोतबर होने तक

मिर्जा गालिब के मिसरे के साथ नाकामयाब छेड़छाड़

दिल ही तो है न संगो खिश्त दर्द से भर न आए क्यों
आंखें लगी हैं इंतजार में पास अपने न बुलाए क्यों

मैं हुआ दुनिया हुई ज़हूर अब दुनिया को भुला देना है
होने से ही झगड़े सारे फिर खुद ही को ना मिटाए क्यों

नाकाबिल हूं नाकारा हूं मैं अपनी ख्वाहिशों का मारा हूं
गलीज पड़ा हूं दर पर तेरे तू न मुझे उठाये क्यों

कब से दीदार का प्यासा हूं एक लुटी हुई दिलासा हूं
समेट के सारी खुशी और गम तब तन्हा तन्हा गाए क्यों

कैसे भी हो पर तुम हो अच्छे खत्म खेल कर डाला है
किस्सा दरियादिली का तेरा इस दुनिया में न फैलाएं क्यों

जिंदगी की अनफास हो तुम तुम बिन मैं जिंदा रहूं कैसे
दूर जा पड़ा मेरी जां तुमसे दिल न मुरझाए क्यों

दिखने में दिलकश लगते हैं फिर आखिर में जान ले लेते हैं
जहरीले मजे ये दुनिया के ठोकर उन्हें न लगाए क्यों

घर मैंने अपना फूंक दिया और जान हथेली पर रख ली
'बेनिशाँ' शहर के दानिशवर आकर मुझे समझाएं क्यों

मिर्ज़ा ग़ालिब के मिसरे के साथ नाकामयाब छेड़छाड़

3. यह न थी हमारी किस्मत कि विसाले यार होता

यह न थी हमारी किस्मत कि विसाले यार होता
बेचता हूं मैं अपना दिल कोई खरीदार होता

ठंडी हवा का एक झोंका तर कर गया था मुझको
दिल खुश हुआ था मिलकर गोया हर बार होता

पड़ा हूं मैं तो बेकस इन सुनसान वादियों में
सब अकेला छोड़ गए हैं कोई वफादार होता

सिर सौंपने की चाहत पर है कौन लेने वाला
मेरा सिर चाक जो करता कोई गमगुसार होता

मिला न कोई मुझको जो कभी बनाता अपना
उसकी आंखों में वजूद मेरा कभी गिरफ्तार होता

खुली किताब के मानिंद मेरी जिंदगी पड़ी है
इस तमाम दुनिया में कोई राजदार होता

सब के सब ही मस्त हैं अपनी आराइशों में वरना
मिलने को अपने खुदा से कोई बेकरार होता

उकता गया हूं मैं तो इन मिजाजपुर्सियों से
बेरहम दिल शिकनों का 'बेनिशाँ' इंतजार होता

मिर्ज़ा ग़ालिब के मिसरे के साथ नाकामयाब छेड़छाड़

4. आंखों का था कसूर न दिल का कसूर था

आंखों का था कसूर न दिल का कसूर था
होश में बस था नहीं और नशे में चूर था

दिख तो रहा था मुझे कुछ धुंधलाई नज़र से
मंजिल तो थी नज़दीक बस वो बहुत दूर था

इक रौशनी जहां में तब हो गई थी नुमायाँ
देखा जमाल उसका क्या बेमिसाल नूर था

क्या सारे ही आ जाएंगे अब गिरफ्त में तुम्हारी
अपने इकबाल का क्या इतना सा गुरूर था

यह आंखें ही हैं जो मुझको कर देती हैं दीवाना
दिल के गुनाह से पहले तेरी आंखों का कसूर था

इस बार तुम हो आई लेकिन कुछ और ही है मसला
तुम्हारी शोख नजरों में कुछ छुपा जरूर था

बहुत वक्त बाद जब जो तुमने ज़ुबान खोली
कुछ दानिश से भरी बात थी अजहद शउर था

सूझते नहीं थे हाथ और उठते नहीं थे पांव
क्या बताऊं 'बेनिशाँ' बड़ा आफती सरूर था

जिगर मुरादाबादी के मिसरे के साथ नाकामयाब छेड़छाड़

अपना गम ले के कहीं और न जाया जाए
उखड़ती हुई इन सांसों को तो फिर थमाया जाए

मुश्किल तो बहुत है पर हिम्मत भी कम नहीं
जुदा जो हो गये उन दिलों को मिलाया जाए

नहीं आंखें उदास हैं और न दिल ही रो रहा
किसी बहाने ही सही इन अश्कों को बहाया जाए

हरेक बार एक नई कसम जो कभी पूरी नहीं हुई
जो तुम कर गुजरे उन वादों को भुनाया जाए

बहुत वक्त हो गया कोई नया शग़ल नहीं
बंसी की मीठी उन तानों को सुनाया जाए

दुनिया में तो वैसे ही परेशानियां बहुत हैं
क्यों न हसद से जल रही आगों को बुझाया जाए

कहते हैं इस बात का तो होता बड़ा मतलब
टूटे उन बुतों को नाहक फिर क्यों गिराया जाए

सूनी पड़ी हुई है कब से इतना तो तुम कर दो
आंसू से अब 'बेनिशाँ' आमेज़ पलकों को सजाया जाए

निदा फ़ाज़ली के मिसरे के साथ नाकामयाब छेड़छाड़

6.   बुझी हुई शमा का धुआं हूं और अपने मरकज को जा रहा हूं

बुझी हुई शमा का धुआं हूं और अपने मरकज को जा रहा हूं
मिलने की तो उनसे लौ लगी है दिल को रौशन बना रहा हूं

खुदी ने तुमसे अलग किया है रोजे अव्वल तो थे साथ दोनों
मेरा तो होना ही है मसला अना को अपनी मिटा रहा हूं

दुनिया के यह दिलकश फंदे इसी में फंस मरे तमाम बंदे
दुनिया को भूल जाने से पहले खुद ही को मैं भुला रहा हूं

जहां में नहीं है कोई अपना लेकिन है देखो सबके साथ रहना
गोशानशीनी अख्तियार करके आग-ए-हसरत बुझा रहा हूं

ढूंढ लो कोई कामिल सूरत बना लो तुम उसको फिर अपना
उसमें मिल जाना ही फ़ना है अपनी लौ को लगा रहा हूं

दिल है मेरा जैसे पत्थर उसका वास्ता नहीं आंसुओं से
यादे इलाही में जो निकले आंसू पलकों पर तारे सजा रहा हूं

कैसे दीदार करूं मैं तेरा सुना है रहते हो कुछ खास दिल में
किसी कामिल बुजुर्ग की जानिब तकदीर अपनी जगा रहा हूं

दूर मरहलों पर फिर जा पहुंचा सुखन तो सारे खत्म ही हो गए
हुआ तमाम किस्सा 'बेनिशाँ' आसमान में घर बना रहा हूं

जिगर मुरादाबादी के मिसरे के साथ नाकामयाब छेड़छाड़

पत्ता   पत्ता   बूटा   बूटा   हाल   हमारा   जाने   है
गुलशन   को   खबर   है   पूरी   हाल   वो   सारा   जाने   है

दीद   को   सारे   लोग   चल   पड़े   अच्छा   तुमने   जिक्र   था   किया
'बेनिशाँ'   को   ही   खबर   नहीं   थी   वह   भी   बेचारा   जाने   है

एक   तमाशा   गली   में   उसकी   चाक   गिरेबां   सब   पड़े   हुए   थे
उसकी   पनाह   में   जाकर   मैंने   दिल   वो   नजारा   जाने   है

शैरो   खर   के   लंबे   मुकदमे   सब   एक   नजर   में   खत्म   हुए   थे
लंबी   चौड़ी   बहस   के   बदले   उसका   एक   इशारा   जाने   है

क्यों   चढ़ा   था   'बेनिशाँ'   दार   पे   वो   तो   बात   बड़े   फख्र   की   थी
सारे   जहां   से   जाकर   पूछो   बशर   तो   सारा   जाने   है

दुनिया   की   सारी   लगावट   गोशानशीनी   से   खत्म   हुई   है
ढोता   रहा   था   जिसे   ताउम्र   अब   बोझ   उतारा   जाने   है

लोग   उसे   इल्जाम   हैं   देते   उसको   तो   कुछ   खबर   नहीं   है
वह   तो   हर   हालत   में   मेरी   गिलाज़त   को   उतारा   जाने   है

बड़ी   फख्र   की   बात   है   यह   कतरे   का   हो   जाना   दरिया
फना   हो   जाने   के   बाद   'बेनिशाँ'   हुआ   क्या   हमारा   जाने   है

मीर तकी मीर के मिसरे के साथ नाकामयाब छेड़छाड़

8. अर्ज ए नियाज़ ए इश्क के काबिल नहीं रहा

अर्ज ए नियाज़ ए इश्क के काबिल नहीं रहा
फिर भी तेरी रहमतों से तो गाफिल नहीं रहा

कहीं किसी सिम्त उस से मेरा सामना नहीं हुआ
मैं ढूंढता रहा उसे हर जां वो दिल नहीं रहा

जाने कैसी उलझन में फिर उलझा दिया मुझको
अकीदत तो बहुत थी फिर भी माइल नहीं रहा

मुहीते बेकरां में किनारा मिलता नहीं कभी
दरिया को जो समेट ले वो साहिल नहीं रहा

बहुत शौक था तब उसकी दीदावरी की कोशिश
तबस्सुम खिलने के बाद फिर कुछ मुश्किल नहीं रहा

वक्त ने उन्हें कुछ थोड़ा कर दिया था नाज़ुक
था बेरहम वो पहले वैसा संगदिल नहीं रहा

दुनिया तो उसने देख ली अब सख्त जां हुआ
हर घड़ी फरेब दे दे वैसा बातिल नहीं रहा

गिनने लगा जब मैं तमाम उम्र की कमाई
सब कुछ तो मिल गया पर 'बेनिशाँ' दिल नहीं रहा

मिर्ज़ा ग़ालिब के मिसरे के साथ नाकामयाब छेड़छाड़

अपने हाथों की लकीरों में सजा ले मुझको
मैं एक फूल हूं किसी झरने में बहा दे मुझको

फैली हुई है खुशबू और निकला हुआ है चांद
तारों भरी रात में महका दे मुझको

मौका है तन्हाई है कुछ कर तो सरगोशी
दिल में उन पिन्हा राज़ों को सुना दे मुझको

यह तेरी आराइशे कमाल और यह तेरा जमाल
जादू के हुस्न से फिर दीवाना बना दे मुझको

हाथों में लिये हाथ वादा कर कुछ वफा का
अकीदत में अपने दिल को आज थमा दे मुझको

क़तरा नहीं है यह शायद जन्नत का है झरना
आंसू बन जाऊं मैं तेरा पलकों में सजा दे मुझको

होंगे बहुतेरे तुझको यहां पर चाहने वाले
सताइशी हूं मैं तेरा पलकों से लगा ले मुझको

देखना चाहता हूं मैं तो अदम के भी आगे
खेल खत्म कर दे 'बेनिशाँ' अब मिटा दे मुझको

कतील शिफाई के मिसरे के साथ नाकामयाब छेड़छाड़

10. आहट सी कोई आए तो लगता है कि तुम हो

आहट सी कोई आए तो लगता है कि तुम हो
रुत गीत गुनगुनाए तो लगता है कि तुम हो

महकते गुलशन में एक छुईमुई के फूल सी
कोई छूते ही शरमाए तो लगता है कि तुम हो

धीमी धीमी हवा का नशा नीली झील का पानी
कोई लहरों सी लहराए तो लगता है कि तुम हो

मीठी सी बहुत नींद है तबीयत है पुर सुकून
मुझे सोते से जब जगाए तो लगता है कि तुम हो

झिलमिलाती चांदनी और खुशबू से भरी है रात
चांद तारों को महकाए तो लगता है कि तुम हो

देर रात मुझे कोई जब कानों में धीरे से
ग़ज़ल मीठी सी सुनाए तो लगता है कि तुम हो

सुनाकर ग़म भरा किस्सा मेरे पहलू में सिमट कर
बेवजह मुझको रुलाए तो लगता है कि तुम हो

करके याद तुम्हारी वो हसीन प्यारी सी बातें
'बेनिशाँ' यादों में खो जाए तो लगता है कि तुम हो

जां निसार अख़्तर के मिसरे के साथ नाकामयाब छेड़छाड़

ए जज्बा ए दिल अगर मैं चाहूं हर चीज मुकाबिल आ जाए
जिस दिल पर उंगली मैं रख दूं कदमों में वह दिल आ जाए

वो सामने है पर छुपा हुआ कितने पर्दों में घिरा हुआ
जिस सिम्त पर भी मैं वार करूं सामने वो बिस्मिल आ जाए

बड़ा ही अजीब मरहला है और पेच पर पेच उलझते हैं
जिसको मैं समझा था गुजर गई दरपेश वह मुश्किल आ जाए

वादाख्वारी तो छूट गई तलाश इक अहले नजर की है
जिसको नजरों से है पीना मेरे यार की महफिल आ जाए

दरिया में कश्ती उतार चले अंजाम की अब कोई खबर नहीं
खेते रहो तुम अब नाव अपनी जाने कब साहिल आ जाए

बड़ा रौशन सफर है यह मन में यादों को भर लो
चलते रहो 'बेनिशाँ' तन्हा तन्हा कब आखिरी मंजिल आ जाए

जाने कितने गज़वे फतेह किए मुझे गुरेज़ नहीं इम्तिहानों से
जब एक मसाईल को हल कर दूं कोई नया मसाइल आ जाए

सिर सौंपना है किसी कामिल को किसी मेरे ख्याल के हामिल को
इंतजार मैं 'बेनिशाँ' करता हूं किस वक्त वो कातिल आ जाए

वहज़ाद लखनवी के मिसरे के साथ नाकामयाब छेड़छाड़

कभी ए हकीकत ए मुंतज़र नजर आ लिबास ए मजाज़ में
मिटा दे तू मेरे दिल की जलन और दिख जा नए अंदाज में

कोई मौजज़ा तो होगा नहीं गोया दिल जुनूनियों के साथ है
खुद ही तय करनी है मंजिलें यकीन नहीं रहा एजाज़ में

चला था मिलन की तड़प लिए न होश था न ख्याल था
उठा के ले चला वो रहनुमा और पहुंचा दिया मेराज़ में

दिल में जरा सा रहम नहीं किसी कामिल का भी करम नहीं
दिन-रात बस रटा करो तुम असर तो हो कुछ नमाज में

उड़ के बुर्ज पे तू ठहर गया ना कोई हौसला था ना उड़ान थी
कभी कहकशां से गुजर तो जा कुछ दम तो हो परवाज में

बस्ती है चाक गिरेबानों की परवाह किसे है अब जान की
सर हथेली पर ले के दौड़ पड़े बस उसकी एक आवाज में

बातिन का यह है सफर अजीब फिर खबर किसे रास्ते की पड़ी
अब अंजाम तो देखो होगा क्या सब लुट गए आगाज़ में

सच कहता हूं तो माने कौन झूठ बोलने से है गुरेज मुझे
'बेनिशाँ' बजा लो अपनी तूती फिर एक नए अंदाज में

अल्लामा इकबाल के मिसरे के साथ नाकामयाब छेड़छाड़

13. कभी किसी को मुकम्मल जहां नहीं मिलता

कभी   किसी   को   मुकम्मल   जहां   नहीं   मिलता
दिल   मुतमईन   हो   सके   ऐसा   मकां   नहीं   मिलता

ढूंढा   मैंने   गली   गली   और   ढूंढा   मैंने   डगर   डगर
जहां   पर   अपने   फैला   सकूं   वो   आसमां   नहीं   मिलता

तड़प   मेरी   तो   होगी   फना   मंजिल   पर   अपनी   पहुंच   कर
जो   ले   चले   उस   मुकाम   तक   वो   कारवां   नहीं   मिलता

कैदे   कफस   में   बंद   हो   घुटता   है   देखो   मन   मेरा
राजदां   की   तो   छोड़ो   बात   पासवां   नहीं   मिलता

रुकते   रुकते   किसी   मोड़   पर   आके   कहीं   मैं   ठहर   गया
तै   करा   दे   मुझे   सभी   मरहले   वो   इम्तिहां   नहीं   मिलता

अपना   कोई   मिला   नहीं   भरोसा   मैं   किस   पे   करूं
बता   दूं   जिसे   दिल   के   राज़   को   हमनवां   नहीं   मिलता

उजाड़   है   ये   बियाबान   कैसे   करूं   मैं   अब   बयां
संवार   दे   जो   चमन   मेरा   वो   बागबां   नहीं   मिलता

ग़ायब   हूं   बेकैद   हूं   इक   गैबी   हवा   की   तरह   से   मैं
नाम   है   मेरा   'बेनिशाँ'   जिसका   निशां   नहीं   मिलता

निदा फ़ाज़ली के मिसरे के साथ नाकामयाब छेड़छाड़

कल चौदहवीं की रात थी शब भर रहा चर्चा तेरा
देख कर हम तो मस्त हुए अच्छा किया सौदा तेरा

चेहरा तो होता है दरपन अंदर का सच कह जाता है
वल्लाह सच्चाई के नूर से आमेज़ था चेहरा तेरा

हिम्मत बांध चल भी पड़ो मंजिल कदमों में आएगी
इलाही ऐसा करम भी हो पस्त न हो हौसला मेरा

एक हंगामा सा था कुछ हुआ सभी नाम तुम्हारा लेते थे
चलो ये तो अच्छा हुआ कुछ नाम भी तो हुआ तेरा

एक अजीब सा सराब है ये जाने कहां पर छुपा है तू
जाने कितने भटक रहे एक फरेब तो था पर्दा तेरा

लुट गई अब तो पूरी महफिल सारे अदीब जाने गए कहां
इस बियाबान सूनसान में ढूंढूं मैं कहां सेहरा तेरा

कोई मर गया ले के तेरा नाम सारे शहर में चर्चा हुआ
सभी उंगलियाँ थीं तुम्हारी तरफ पूछा न किसी ने रास्ता तेरा

पूरे जहां में आराइश तूने हम से ही पर्दा क्यों किया
सारी रात जलवों का शोर 'बेनिशाँ' सुनता रहा तेरा

इब्न ए इंशां के मिसरे के साथ नाकामयाब छेड़छाड़

खबरे तहय्युरे इश्क सुन न जुनूं रहा न परी रही
होश तो थोड़ा थोड़ा ही था यह खूब बेखबरी रही

महफ़िल में आके हुए रोशन ऐसा दिल आमेज़ हुआ
सबके सर तो थे झुके हुए एक बेलौस सरवरी रही

देखा था उसका मैंने चेहरा बेहोशी का था आलम
बेमोल हम तो बिक ही गए गज़ब ये सौदागरी रही

जहां-जहां भी निगाहें की कुर्बान सभी सब होते गए
कैफ में थे तब सारे गुम कमाल की जलवागरी रही

कुछ ऐसा नशा सा तारी हुआ सुध बुध जाने गई किधर
की जान फूंकने की कोशिश तबीयत अपनी मरी रही

देखना वो तेरे जमाल को हर किसी के बस की बात नहीं
बाम पर जब तुम आ ही गए फिर क्यों ये परदा दरी रही

जाने वहां सवाली थे कितने जाने कब कब से थे प्यासे
सारे फिर खुश होकर चले गए ऐसी तेरी दानिशवरी रही

चलो तुमको कुछ वक्त मिला कुछ मेरे दिल की भी सुन ली
सुना के गमे दिल अपना आंख 'बेनिशाँ' की भरी रही

सिराज औरंगाबादी के मिसरे के साथ नाकामयाब छेड़छाड़

चुपके चुपके रात दिन आंसू बहाना याद है
घूमता था गली तुम्हारी क्या वो दीवाना याद है

कैसे मैं तुमको भूलूं शायद तुम तो भूल गए
उस रात जब दिल था टूटा मुझे वो अफसाना याद है

देखा होगा दोपहरी में तुम्हारी खिड़की के नीचे
शायद तुम्हें ओ बेपरवा किस्सा पुराना याद है

छोटी-छोटी ख्वाहिशें थीं जेबें थीं पैसों से खाली
मुश्किलों में हंसते रहना हमें वो जमाना याद है

कभी रूठ के बैठ जाना फिर मेरा घुटनों पे आना
छोटी-छोटी नाराजगियों में तुम्हें मनाना याद है

एक बार तो हद ही हो गई मुझ पे सदमा सा टूट पड़ा
तुमने गुस्से में दिल को तोड़ा हमें वह फसाना याद है

बड़ी खास इक बात है जानाँ तुम नहीं किसी को बतलाना
कदमों में हमारा लिपट कर के अफसोस जताना याद है

चाहे तुम कुछ भी कह दो वादाखिलाफी हम कर न सके
फिर तुमसे किए सारे वादे 'बेनिशाँ' निभाना याद है

हसरत मोहानी के मिसरे के साथ नाकामयाब छेड़छाड़

संग हर शख्स ने हाथों में उठा रखा है
आखिर तो वो ही होगा किस्मत में जो लिखा रखा है

कोई ऐसा दोस्त भी है जो चाकगिरेबां कर जाए
कुर्बानी अपनी कर दे अना मैं क्या रखा है

और भी हैं बाजारों में अच्छे दिल बेचने वाले
मैं तो हूं एक बेकस दिल में मेरे क्या रखा है

ये भी कैसा मौजू है दिल दुखा के तुम बात करो
सितमो आजमाइश ने तेरी मुझको तो रुला रखा है

हिम्मत वाले होते हैं कम ज्यादातर हैं बिकने वाले
मजबूरी और लाचारी का नाम क्या खुदा रखा है

तुम तो मुझको छोड़ ही दो और तर्क ताल्लुक ही कर लो
यादों ने मुझको क्यों तेरी सारी रात जगा कर रखा है

बहुत हुई खींचातानी कुछ तो रखो पशेमानी
मरने को बेताब हैं सारे जीने में क्या रखा है

ऐसा है तुम दूर रहो गर पास रहो तो बात करो
बेरुखी ने तुम्हारी 'बेनिशाँ' इस दिल को बुझा के रखा है

हकीम नासिर के मिसरे के साथ नाकामयाब छेड़छाड़

18. दिल चीज क्या है आप मेरी जान लीजिए

दिल चीज क्या है आप मेरी जान लीजिए
जैसे भी आप चाहें मेरा इम्तिहान लीजिए

जलवा मेरा देखकर जाओगे कहां पर तुम
निगाहें नाज ने बरपा दिया तूफान लीजिए

मामूली परवाज नहीं कोई ऊंची करो बात
सात आसमानों के पार की उड़ान लीजिए

आह लेके जो मर गया उसका न करो ज़िक्र
बीमार की दुखती हुई रग का बयान लीजिए

बड़े खिलाड़ी हो तुम सारे बाजार से वाकिफ
इनमें कौन सा है मेरा दिल पहचान लीजिए

आर होगा या पार होगा फैसला बस एक बार होगा
खत्म करने को किस्सा मेरा ठान लीजिए

गर बज्म में मेरी अब तो तुम रुकते नहीं कभी
बस अल्लाह अल्लाह कीजिए खुदा का नाम लीजिए

मेहनत मशक्कत क्यों करनी है जब लिया है नाम तेरा मैने
बेवजह में अब 'बेनिशाँ' से क्योंकर काम लीजिए

शहरयार के मिसरे के साथ नाकामयाब छेड़छाड़

तुम्हारे खत में नया इक सलाम किसका था
चेहरे पे तुम्हारे लिखा हुआ वो कलाम किसका था

मैं तो तुमसे मिल न सकूं ना ही तुम्हारी हो आमद
कदम कदम पर थे पहरे ये निजाम किसका था

नाकिस हूं कहकर मैने खुद को तो बदनाम किया
तुमसा दुनिया में कोई नहीं ये बयान किसका था

कितना तुम छुपा लो मुंह तारीख बयां कर देती है
शहर की दीवारों पे लिखा वो नाम किसका था

मालूम मुझे तेरी मुश्किल पर इतना तो बतला दो मुझे
डूबती हूं मुझे बचा भी लो यह पैगाम किसका था

या तो खत में नाम लिखो या खतो किताबत ही छोड़ो
कल रात जो मिला गुमनाम वो पयाम किसका था

चर्चे शुजात के सुने मेरे पर ये भी तुम्हें तो होगा याद
अपना सिर काट के कर दिया था पेश ये काम किसका था

घूमता हूं बाजारों में लोग हैं कि दाम लगा रहे
'बेनिशाँ' खुले में जो बिकता था वो गुलाम किसका था

दाग देहलवी के मिसरे के साथ नाकामयाब छेड़छाड़

न किसी की आंख का नूर हूं न किसी के दिल का करार हूं
मैं हूं रहमो करम का मुंतज़र मैं सरापा गुनहगार हूं

मेरी अब बची कोई आस नहीं कोई मूनिस मेरे पास नहीं
जिसने जब चाहा ठुकराया मजलूम गम गुसार हूं

दुनिया देख ली घूम कर कोई मेहरबान भी दिखा नहीं
कोई मिटा दे मुझ पर अपनी जान बेसबर खरीदार हूं

अब वही खबर ले ले शायद पुराना उसी का मुरीद हूं मैं
रोजे अव्वल जो किया जादू जमाल में गिरफ्तार हूं

चाहे मेरी अनदेखी कर लो एक बात तो मानोगे
ठोकरें खाई हैं दुनिया की बहुत बेकस वफादार हूं

नक्कारखाने में शहनाई की आवाज़ हमेशा गुम हो जाती है
कोई है नहीं जो सुने बात मेरी कहता लगातार हूं

बड़ा जमाना देख लिया इस सीने में दफन हैं राज़ कई
जो किसी को भी अंदाजा न हो उन राज़ों का राजदार हूं

बस तुम्हीं एक हमदम हो मेरे मेरी जिंदगी का पता नहीं
'बेनिशाँ' तुम में फना हो जाने को हर वक्त बेकरार हूं

मुज़तर ख़ैराबादी के मिसरे के साथ नाकामयाब छेड़छाड़

दीवारों से मिलकर रोना अच्छा लगता है
बियाबान में बेवतनों का मेला सजता है

खेल नहीं हरेक के बस का कांटों से होकर जाना
राह ये बड़ी सिद्क़ पाक है देखें कौन गुज़रता है

रंग बिरंगी फानी है पल में रूप बदलती है
दुनिया के रंगों को देखो कैसे वक्त बदलता है

ज़ब्त कर लो दुखों को अपने आह लबों पे लाओ मत
देखें फिर मालिक की रहमत का दिल कैसे पिघलता है

तुम्हें तो कुछ पता नहीं कुव्वते-इरादी है मुझ में
कोई रोक न सकेगा 'बेनिशाँ' को जब करके इरादा उठता है

फिक्र नहीं ये वक्त है जो जाने कब हो पलट जाए
सोया हुआ मुकद्दर मेरा देखो कब ये जगता है

बाजारों में हुनर वालों ने खेल गर्म है कर डाला
नक्कारखाने में तूती फिर मेरी कौन सुनता है

देखो फिर मौका मिले न मिले वक्त की कीमत को जानो
लोगों गौर से तुम सुन लो 'बेनिशाँ' जो भी कहता है

कैसर उल जाफरी के मिसरे के साथ नाकामयाब छेड़छाड़

मेरे हमसफर मेरे हमनवा मुझे दोस्त बनकर दगा न दे
जब्त किया हुआ आंसू हूं मैं कहीं पलकों पर मुझे उठा न दे

बहुत बीत गई जिंदगी मेरी अब कूच का सामां बांध लिया
मर्ग ए अरमां छाया हुआ अब जीने की मुझको दुआ न दे

अब छोड़ दे मुझे खुदा के लिए कहने सुनने का मौका नहीं
दिल डूब जाए जिसे सुनकर कहीं फिर वो नगमा सुना न दे

एक जलवा तूर पर देखा था रेज़ा रेज़ा मुझको फिर कर डाला
मैं पहले ही तो बिस्मिल हूं कहीं फिर से जलवा दिखा न दे

उम्मीद है तुम कुछ फर्क होगे बाकी सब को तो देख लिया
गिरते हुए को जब है थामा कहीं हाथ अपना छुड़ा न दे

घाव बहुत हैं दिल के भीतर अंदर अंदर ही रिसते हैं
कहीं तू मुझे दुनिया की तरह नजरों से अपनी गिरा न दे

छोड़ो तुम कुछ और बात करो रहने दो सभी हिदायतों को
अंजाम मुझे मेरा मालूम है कहीं कोशिश तेरी भुला न दे

मैं तो हूं किस्मत का मारा पर वो आमादा है मेरे लिए
मेरी डूबी किस्मत का तारा कहीं 'बेनिशाँ' वो चमका न दे

शकील बदायूंनी के मिसरे के साथ नाकामयाब छेड़छाड़

मैं ख्याल हूं किसी और का मुझे सोचता कोई और है
कैद तो हुई थी खत्म मेरी पर रिहा हुआ कोई और है

कई मुकाम थे कई मरहले अकीदत का यह सफर मेरा
बुतपरस्ती से मैं गुजर गया अब मेरा खुदा कोई और है

तुम्हें असल कुछ खबर नहीं मेरा माबूद तुम्हें पता नहीं
करते हो ज़िक्र जिसका हर बात में वो वाक़्या कोई और है

राहबर मेरे सब छोड़ गए एक तुम पर भरोसा था मेरा
सब सिम्त तुझे तलाश किया बताओ रास्ता किस ओर है

ढूंढते हो तुम कहां मुझको कोई और था जो फ़ना हुआ
मैं तो कहीं भी गया नहीं जो हुआ खुदा कोई और है

बुलंदी का उसका तुम्हें पता नहीं खुद को था वो छुपाए हुए
गोया जानते हैं सब उसको पर पहचानता कोई और है

माना कि तुम भी थे प्यासे तुम्हें मुझसे कुछ अमां मिली
यह ठीक है अजीयत दी तुमने पर मेरा खुदा कोई और है

ऐसा नहीं कि अकेले हैं हम कोई सरपरस्त तो है अपना
'बेनिशाँ' चाहे सब हों सोए हुए वहाँ जागता कोई और है

सलीम कौसर के मिसरे के साथ नाकामयाब छेड़छाड़

यूं ही बेसबब न फिरा करो कोई शाम घर में रहा करो
जाने कब से खुली नहीं यह किताब दिल की पढ़ा करो

कैसे मस्त बेहाल हो तुम अब अपनी ही रौ में हो फिरते
क्यों गाते नग़मे दुनिया के कुछ वक्त तो खुदा खुदा करो

यह ठीक है जरूरी है दुनिया पर ज्यादा भरोसा मत करना
ले डूबेंगी तुमको फिर बेवजह इन ख्वाहिशों में न बहा करो

बहुत हुए दिन कुछ खबर नहीं किस सिम्त तुम जाने कहां गए
मुझे कभी-कभी दिल की बातें कुछ चुपके-चुपके बयाँ करो

बड़ा अज़ीम इंसान है वो मुकम्मल है ईमान उसका
तस्वीरे जात है उसमें निहां उसे सरे शाम तुम तका करो

अपनी दुनिया में क्यों हो गुम कभी झांक के सीने में देखो
अपनी तो तुमने बयां करी कभी दूसरे की भी सुना करो

वैसे तो तुम कभी आते नहीं जब आते हो चल पड़ते हो
यह क्या मिलना थम थम के कभी दिल खोलके मिला करो

आ जाओ कभी इस जानिब भी यहां इक बीमार तुम्हारा है
कभी भूले भटके किसी शाम 'बेनिशाँ' से मिलने की दुआ करो

बशीर बद्र के मिसरे के साथ नाकामयाब छेड़छाड़

रंजिश ही सही दिल ही दुखाने के लिए आ
आजा मेरी मैयत ही तू उठाने के लिए आ

बहुत दिनों से कोई आराइश नहीं की है मैने
बेताब हूं मैं तू मुझको अब सजाने के लिए आ

कुछ शर्म तो तुम कर लो वादा खिलाफ रहबर
झूठ मूठ ही सही वादे को निभाने के लिए आ

सारे जहां की खुशबू ये दिल नहीं बहलता
कभी वजूद को भी मेरे महकाने के लिए आ

काफी वक्त से मेरा इम्तिहान नहीं हुआ है
क्यों न तू मुझको अब आजमाने के लिए आ

बहुत तवाफ किए तूने औरों के लिए अक्सर
कभी तू इस दोस्त को भी मनाने के लिए आ

सावन के महीने में मेरा बहलता नहीं है ये दिल
तू जुल्फ की घटाएं बिखराने के लिए आ

कोई तो कर चोट जो आँसू मेरे निकाले
इस सख्त दिल 'बेनिशाँ' को तू रुलाने के लिए आ

अहमद फराज़ के मिसरे के साथ नाकामयाब छेड़छाड़

रहिए अब ऐसी जगह चल कर जहां कोई ना हो
नहीं हो जहां कोई जमीन और आसमां कोई ना हो

सेहरा में जाकर तुम रहना खोह में किसी चट्टान की
ढूंढ लो ऐसी जगह जहां मुझसा तन्हां कोई ना हो

खैराबाद मेरा दुनिया से खुशबू की तरह हो जाऊं गुम
सबके भले हों आशियाने मेरा मकां कोई ना हो

बहुत देखा इस दुनिया को लोग भले लगते हैं मुझे
जो दुनिया को दे दें तलाक माइले दुनियां कोई ना हो

हो गई अब आजमाइशें छोड़ दो मुझको तो अपने में
अब मैं तो बेज़ार हुआ और मेरा इम्तिहां कोई ना हो

आखिर एक दोस्त जरूरी है कोई तो मूनिस हो मेरा
जहां पर सब हो जाएं गायब ऐसा आसमां कोई ना हो

सब के सब तो मस्त हुए दिल मेरा तो कहीं लगता नहीं
इन शोर भरे बाजारों में मुझ सा बेजुबां कोई ना हो

चलो चलो का शोर हुआ सब कूच का सामान बांध रहे
सारे तो रवाना हो ही पड़े 'बेनिशाँ' का कारवां कोई ना हो

मिर्जा गालिब के मिसरे के साथ नाकामयाब छेड़छाड़

रौशन जमाले यार से है अंजुमन तमाम
दूर फिर जाने कहां गए वो हमदम तमाम

क्या मैं ही बचा था कोई और नहीं मिला
क्यों मेरी जान पे बरपा दिए तुमने सितम तमाम

पशेमानी दुनिया से मेरी तुम कुछ तो खास हो
तुम्हारे लिए ही छोड़ दी है मैंने शरम तमाम

उसकी एक निगाह ने कुछ मुझपे जादू सा किया
जाने कैसे बुझ गई मेरी सारी जलन तमाम

उसका था इंतजार और जब उसकी हुई थी आमद
कुछ पल में ही निकल गया मेरा दम तमाम

जब तक बची रही जान सारे लोग रुके रहे
इस दुनिया ने ही मिटा दिया मेरा भरम तमाम

अच्छा तुम्हारे आने से ये करम भी तो हुआ देखो
इसी बहाने महकने लगा ये चमन तमाम

नजर जो तूने डाली ऐसी बस सारे ही तो लुट गए
'बेनिशाँ' की इक निगाह से मदहोश हुई अंजुमन तमाम

हसरत मोहानी के मिसरे के साथ नाकामयाब छेड़छाड़

28. लगता नहीं है दिल मेरा उजड़े दयार में

लगता नहीं है दिल मेरा उजड़े दयार में
सुनो अब दर्द नहीं बचा मेरी पुकार में

एक सर्द खामोशी सी पसरी है यहां पर
ढूंढ लाओ खुशबू है कहां इस बाजार में

खूबसूरती मेरी तो अब सारी हुई फना
सुनो कुछ तो नया करो अब सिंगार में

क्या ये आंसू हैं मेरे या शायद धूल है
देखो तो दिखता नहीं मुझे इस गुबार में

बेरहम होकर सारे तूने वादे तोड़ दिए
पाबंदियां क्यों नहीं रहीं अब करार में

गला मेरा रुंध गया दे देकर तुझे आवाज
बेचैनी ए दिल अब नहीं है इख्तियार में

इस बेचैन ज़ीस्त को कोई गर्मी तो मिले
देखो आग लगा दो थोड़ी सर्द बयार में

इंतजार अब मौत का है बस ले जाए मुझे
चैन मिलता 'बेनिशाँ' नहीं लुत्फो बहार में

बहादुर शाह जफर के मिसरे के साथ नाकामयाब छेड़छाड़

वो जो हम में तुम में करार था तुम्हें याद हो कि न याद हो
जुल्फों में कोई गिरफ्तार था तुम्हें याद हो कि न याद हो

जहां हम तुम कभी थे मिले जहां पर चले प्यार के सिलसिले
वह ग़जब खुशनुमा बाजार था तुम्हें याद हो कि न याद हो

जो पड़ा रहा कदमों में तेरे जिसको छोड़कर तुम चले गए
वह गुलाम फर्मावदार था तुम्हें याद हो कि न याद हो

जिसे एक नजर से तुमने प्यार से जब देखा तो जाने क्या हुआ
तुम्हारी खुश फहमी का एतबार था तुम्हें याद हो कि न याद हो

सारे जहान की थी मरातिबें बस तुम्हें खुश करने के वास्ते
मैं तो बेसब्र वफादार था तुम्हें याद हो कि न याद हो

किसी तरह तुम्हारे पास में जगह करने को दिल में तेरे
कितना मैं बेकरार था तुम्हें याद हो कि न याद हो

जिसे पीछे तूने छोड़ दिया आने की उम्मीद रही नहीं
फिर तुम्हें किसका इंतजार था तुम्हें याद हो कि न याद हो

जो जान अपनी गंवा गया तुम्हारी दिल की खुशी के वास्ते
वो 'बेनिशाँ' दिलदार था तुम्हें याद हो कि न याद हो

मोमिन खां मोमिन के मिसरे के साथ नाकामयाब छेड़छाड़

शामे फिराक अब न पूछ आई और आकर टल गई
नजरे करम से उसने देखा तबीयत थी सो बहल गई

दर पर तुम्हारे जब पहुंचा था दिल में सोजे दरूं लिए
एक नजर में बदआमालों की गठरी थी सो जल गई

जाने तुम्हारे आशिक कितने हर वक्त तुम्हें घेरे रखते हैं
कूचा भरा था माशूकों से क्यों नजर मुझ पे फिसल गई

झिझकता था मैं डरता था जलाल से खौफ था मुझे
मुद्दतों से जो थी जमी हुई बर्फ इनायत से पिघल गई

डर मेरा सब रफा हुआ ऐसा प्यार जो मिला मुझे
बदअमाली की मेरी शाम बस एक नजर से ढल गई

बहुत दिनों के बाद जब गया डरते डरते कदम रखे
किन नजरों से देखा जाने तबीयत थी कि संभल गई

जमाल तेरा नूरानी जानां और हुस्न तेरा रूहानी था
तेरे आगोश में गुम हो जाने को तबीयत मेरी मचल गई

कितने मुद्दतों बाद मिले मैं था दिल पर बोझ लिए
हाथ मिलाते ही मेरी 'बेनिशाँ' हिचक थी सो निकल गई

फैज़ अहमद फैज़के मिसरे के साथ नाकामयाब छेड़छाड़

सरकती जाए है रुख़ से नकाब आहिस्ता आहिस्ता
चढ़ता जा रहा है अब तो सैलाब आहिस्ता आहिस्ता

यहां हुस्नो इश्क की गर्मी है उधर भरपूर जमाल तेरा
उड़ा जा रहा कज़ा में ये हुबाब आहिस्ता आहिस्ता

कैफियत सी तारी है आंखों में खुमारी चढ़ आई
पेश करता हूं तुझे दिल का गुलाब आहिस्ता आहिस्ता

आफताब के सामने खौफजदा सा मैं खड़ा रहा
हुजूर अब ले लीजिए मेरा आदाब आहिस्ता आहिस्ता

चाहने वाले तुम्हारे हजारों हर वक्त तुम्हें घेरे रखते हैं
मेरे लिए भी कभी हो जाओ बेताब आहिस्ता आहिस्ता

ऐसा दीदार जो देखा मैंने वहां होश मेरे थे उड़े हुए
बाखुदा कभी न टूटे ये ख्वाब आहिस्ता आहिस्ता

जब नजराने की बात चली पेश दिल मैंने कर डाला
चलो अब इस तरह हो गया हिसाब आहिस्ता आहिस्ता

सौ बातों की बात है यह आखिर तुमने मुझे अपना माना
'बेनिशाँ' पिर हो गया कामयाब आहिस्ता आहिस्ता

अमीर मीनाई के मिसरे के साथ नाकामयाब छेड़छाड़

सोजे ग़म दे कर मुझे उसने यह इरशाद किया
संभाल रखना इसे फिर हस्ती में इंकलाब किया

महशर खिराम चाल से दिल में वो उतर गया
पहले दिल में जगह की फिर उसे आबाद किया

सारे दिलों के राज़ तो पहले ही मालूम थे उसे
छुपा न सका कुछ भी और मुझे बेनकाब किया

मुझ नाकिस नाकारा को अजमत उसने इतनी दी
दर्जे मुझे अता किए फिर मुझे कामयाब किया

मुझ पर जो पड़ी नजर किस्मत मेरी जाग उठी
करम की गिनती करे कौन वो तो बेहिसाब किया

बंदिशें सारी तोड़ दीं गुनाह माफ सब कर डाले
रहा न गुलामे दुनिया फिर ऐसा मुझे आजाद किया

ऐसी रहमत सबसे आला रुकता नहीं फिर देने वाला
बिना मांगे भर दी झोली खूब मेरा हिसाब किया

पंख लग गए खुशी के मेरे ऐसी गजब की हुई उड़ान
लब्बोलुवाब ये है कि 'बेनिशाँ' को तूने दिलशाद किया

जोश मलीहाबादी के मिसरे के साथ नाकामयाब छेड़छाड़

हंगामा है क्यों बरपा थोड़ी सी जो पी ली है
इस उदास दुनिया में अब कोई न अजनबी है

जश्न है ये तो मस्ती का रौशन कर दो सभी चिराग
चारों तरफ पसरी हुई यह कैसी अफसुर्दगी है

गली तो ले चलो मुझे उसकी बहुत नशे में चूर हूं मैं
नजर हो उसके कदमों पर यही मेरी बंदगी है

दिल था मेरा कैफ से पुर ऐसी फैज़ की हवा चली
याद हो उसकी सुबह शाम बस यही जिंदगी है

कोई नहीं मेरे दिल को भाते पर सारे ही मेरे अपने हैं
रिंदों की महफिल में ये भी कैसी दिल्लगी है

किस अंदाज से मुझको देखा दिल को मेरे लूट लिया
एक नजर में किया बेहोश अज़ीम जलवागरी है

ऐसी निगाह दी मुझको तो हर तरफ उसका जलवा है
हर जगह और जहां भी देखो रौशन दीदावरी है

ऐसी दानिशवरी मिली है मुझको मेरा अब ये आलम है
'बेनिशाँ' सितमों पर भी आह न निकले इसे कहते बुजुर्गी है

अकबर इलाहाबादी के मिसरे के साथ नाकामयाब छेड़छाड़

34. हजारों ख़्वाहिशें ऐसी कि हर ख़्वाहिश पे दम निकले

हजारों ख्वाहिशें ऐसी कि हर ख्वाहिश पे दम निकले
दम निकले और जान निकले भरम निकले शरम निकले

पग पग पर तो धोखा है जाने किस किस पर तो करो यकीन
देते हैं हर कदम पे फरेब ऐसे मेरे हमवतन निकले

माना काम तो मुश्किल है करनी पड़ेगी जान निसार
ढूंढो सहरा में तबीयत से शायद कहीं चमन निकले

अटक रही है जान लबों पर अब ऐसी बेचैनी है
निकले तो सही कभी ये दिल की मेरी जलन निकले

ख्वाहिशें इतनी बेशुमार हैं कहीं जिनका कोई आर न पार
न पूछ ये अरमान मेरे क्यों न उनका ख़म निकले

क्या-क्या निकले क्या बताऊं जो भी निकले कम ही पड़े
आखिर कूचा ए जानां से बड़े खुश हो के हम निकले

जब निकलना है तो देखो काम सवाब का कर डालो
दिल में मेरे पेच बहुत हैं अब क्यों न उनका दम निकले

कितना भी वो मालिक दे दे दिल कमबख्त तो भूखा है
दुआ करो इस 'बेनिशाँ' का कभी तो यह भरम निकले

मिर्ज़ा ग़ालिब के मिसरे के साथ नाकामयाब छेड़छाड़

हर एक बात पे कहते हो तुम कि तू क्या है
मैं तो हूं जो भी हूं तू ही बता कि तू क्या है

चुनौती देते रहते हर वक्त हिम्मत हो तो आ के मिलो
हस्ती को फना करने का बता दे मुझे चारा जू क्या है

लुटता रहा कारवां मेरा तूने जरा भी आह न की
यहां वहां का किस्सा छोड़ कर बता तू मौजू क्या है

मुझे नहीं चाहिए अजमतें तेरी खुश हूं अपने हाल पर
झूठ और फरेब से मिल गई भी तो आबरू क्या है

खुश होकर मुझपे एक दिन लुटा दीं उसने नियामतें
मेरे कदमों पे रखा जहान सारा पूछा बता आरजू क्या है

जो जां अपनी कुर्बान कर दे कि संवर जाए ये जुल्फ तेरी
ऐसे फिदाइयों की बातों में आखिर किस्साए लहू क्या है

हम तो लोग हैं नाचीज़ आका कद अपना कम न करो
जब भी बात करो दिल जोड़ो इससे अच्छी गुफ्तगू क्या है

जितनी मेरी चाहें बचीं है निहां ए ख़ाक सब हो ही गईं
फ़ना के बाद अब 'बेनिशाँ' बची तेरी जुस्तजू क्या है

मिर्ज़ा ग़ालिब के मिसरे के साथ नाकामयाब छेड़छाड़

अपनी धुन में रहता हूं मैं भी तेरे जैसा हूं
तेरी एक नजरे करम को तो जाने कब से तरसा हूं

तूने मुझे नहीं पहचाना झूठा एक दिलासा हूं
मज़लूम जो भी हैं दुनिया के मैं तो उनका चेहरा हूं

फाकाक़श और प्यासा हूं बैठा हूं कब से दर पर तेरे
आगोश में ले तू मुझको अब थमा हुआ सा दरिया हूं

बहारें रूठ गईं हैं मुझसे अब तू भी मुझे छोड़ दे
भूल जा अब इस साइल को मैं तो एक सहरा हूं

तड़प है मिलने की बस तुझसे हर वक्त तो लगी हुई
मिला ले अब अपनी जात में तेरे घर का मंगता हूँ

बसेरा कहीं भी मिला नहीं यह ठिकाना अब ढूंढा मैंने
जाने क्यों उन्हें पता नहीं उनके दिल में रहता हूं

मौसीक़ी से इस दुनिया की मन है मेरा ऊब गया
गैब से आती हुई आवाज़ें बड़े गौर से सुनता हूं

एक ठंडी हवा हूं मैं जज्ब जो कर ले जलन दिल की
रोक न तू मुझे 'बेनिशाँ' नसीमे बहार सा बहता हूं

नासिर काज़मी के मिसरे के साथ नाकामयाब छेड़छाड़

अब के हम बिछड़े तो शायद ख्वाबों में मिलें
रंगीन फिजाओं में मिलें और सराबों में मिलें

चर्चा तेरे हुस्न का वैसे तो मुश्किल है बयान
कुछ तो मौजजों में मिलें और कुछ ऐजाज़ों में मिलें

एक ठंडक सी है देखो जो तसव्वुफ में मिले शायद
रूह की अकीदत अब तो कहीं दिली नमाजों में मिलें

मुंह बंद हो गया था उसका जिसने देखा तेरा जमाल
बयां करना नामुमकिन है जो खूबसूरत अंदाज़ों में मिलें

उसकी तवज्जो ने मुझे कहां पर देखो पहुंचा दिया
मेरे वजूद की आहट गैब की दिलकश आवाजों में मिलें

चांद भी है खामोश यहाँ रातों में कोई बात निकले
निशान उसके सराबों से और दिल के साज़ों में मिलें

तफ्सील से ये बयां तेरा वैसे तो बहुत ही मुश्किल है
कहीं अनजाने सफों में कुछ अनछुई किताबों में मिलें

दरख्वास्त है मेरी तुमसे कुछ गौर तुम इस पर भी करो
रूबरू मिलना मुश्किल हो तो 'बेनिशाँ' को हिजाबों में मिलें

अहमद फराज़ के मिसरे के साथ नाकामयाब छेड़छाड़

ए खुदा रेत के सेहरा को समंदर कर दे
मेरे मायूस इस दिल को मुनव्वर कर दे

खुद से निजात मुझे मिलती नहीं है कभी
बेखबरी बड़ी चीज है क्यों न तू बेखबर कर दे

कभी है दुनियां का बोझ भारी कभी होता है दीन का
उन दोनों का वज़न देख तू क्यों न बराबर कर दे

दिल मेरा बहुत पागल नादानियों से भरा हुआ
मोम तो हो नहीं पाया चल मुझे पत्थर कर दे

तमाम उम्र कोशिश यही खुद को कभी मिटा तो दूं
'बेनिशाँ' आखिर तमाम हुआ ये उन्हें खबर कर दे

गुनाह हैं मेरे बड़े सारे माफी की दरख्वास्त पर
मिलेगी नहीं कभी मंजूरी इल्तिजा जरूर मगर कर दे

सुनते हैं मोड़ देता है नदियों के बहाव को वो
पत्थर हुए दिल पर अब कुछ थोड़ा भी असर कर दे

ये भीख तू दे दे मुझको कट जाए ये जिंदगी की शाम
हर घड़ी दीदार हो तेरा 'बेनिशाँ' ऐसी सहर कर दे

शाहिद मीर के मिसरे के साथ नाकामयाब छेड़छाड़

उनको यह शिकायत है कि हम कुछ नहीं कहते
ग़मगीन सी हालत है और हम कुछ नहीं कहते

मुझको दिया छोड़ अचानक कैसा तेरा फैसला
गर आ गई भी कयामत है तो हम कुछ नहीं कहते

बेवजह सताइश तेरी और मेरा है ये मुंह बंद
चुप रहने की आदत है हम कुछ नहीं कहते

दूर हटो और न करो मेरा ये वक्त रायगां
मुझे तो वहशत है गोया हम कुछ नहीं कहते

कत्ल करने के पहले वह हंसकर मुझसे लगा गले
ये क्या कम इनायत है सो हम कुछ नहीं कहते

शुक्र है उनका मेरी जान न निकाली तड़पा कर
कुछ उनको अदावत है तो हम कुछ नहीं कहते

मरने के बाद आकबत में चलती है उनकी सल्तनत
वहां उनकी हुकूमत है तो हम कुछ नहीं कहते

चुपचाप विदा हो गए हम अब दुनिया के नज्ज़ारों से
'बेनिशाँ' अब यह कहता है कि हम कुछ नहीं कहते

राजेन्द्र कृष्ण के मिसरे के साथ नाकामयाब छेड़छाड़

गुलों में रंग भरे बाद ए नौ बहार चले
जमाल के असीर हम जुल्फों में गिरफ्तार चले

मौसम में मुअत्तर हुई खुशबू बड़े कमाल की
नशा फैला बाकमाल हम जिंदगी संवार चले

कितनी गजब थी रोशनी और कितना पुर फैज़ था
बज्म में तेरी रुक न सके और बेकरार चले

उसकी बुलंदी को हम करते तो हैं बहुत सलाम
राह में जब उसकी हम से गुनहगार चले

थी मद्दम सी चांदनी घुलता हुआ नशा भी था
चर्चा तेरे जमाल का खूब जिक्रे यार चले

महक उनकी आराइश की जाने फिर कहां गई
बेपनाह हुस्न को वो अपने फिर से संवार चले

गुलशन में गिरफ्तार हम से ये फूल क्या फरियाद करें
हमें होकर के बदहवास तीरगी में पुकार चले

उनके करम से अब मेरा तो ये अहवाल है अभी
खुशफ़हम होकर 'बेनिशाँ' देखो बागोबहार चले

फैज़ अहमद फैज़ के मिसरे के साथ नाकामयाब छेड़छाइ

जुस्तजू जिसकी थी उसको तो ना पाया हमने
शिकस्तगी का तो अज़ीम जश्न मनाया हमने

दिल तो था टूटा हुआ थी लुट जाने की कसक
फिर भी उन आधे अधूरे वादों को निभाया हमने

हम कर क्या सकते थे जब दर्द की सौगात मिली
अश्क के सितारों को पलकों पर सजाया हमने

मोहब्बत के खेल में जीत भी कहीं होती है
अंजाम जब मालूम था मियां दिल क्यों लगाया हमने

गलती थी हमारी ही हम लुटे खुद जाकर
बेसाख्ता फिजूल अश्कों को बहाया हमने

बाकी बची है याद तेरी और बाकी है जिक्र तेरा
चुराकर तेरा जमाल नक्शा ए दिल को बनाया हमने

आखिरकार फिर तो समझा कर दिल को तभी हमने भी
कोशिशन किसी तरह दिल को बहलाया हमने

मुँहजोर आग ये कर न दे सब कुछ तबाह
जतन करके 'बेनिशाँ' उसे धीरे से बुझाया हमने

शहरयार के मिसरे के साथ नाकामयाब छेड़छाड़

42. चेहरे पर खुशी छा जाती है आंखों में सुरूर आ जाता है

चेहरे पर खुशी छा जाती है आंखों में सुरूर आ जाता है
फिर तुझको मुसलसल पाने का नया फितूर आ जाता है

दिल तो हमारा पागल है बस तुम को ही पाना चाहता है
दुनिया की निगेहबानी से कुछ थोड़ा शऊर आ जाता है

तुमको पाने की चाहत में ये दिल तो खुशी की राहत है
नाम तुम्हारा लेता हूं कुछ सुकून जरूर आ जाता है

दिल ये कहीं लगता नहीं जानां जब से तुमको देखा है
महफिल में तुम्हारे आते ही फिजा में सुरूर आ जाता है

बड़े मजे का सौदा है फैज हर सिम्त बरसता है
गुलाम हूं तुम्हारे कदमों का बस दिल में गुरूर आ जाता है

धीरे-धीरे ये हाल हुआ फिर खुद को भी उनमें मिटा डाला
अक्सर 'बेनिशाँ' वहदत के मस्त नशे में चूर आ जाता है

परवाज है ये हफ्त आसमानों की नूर ही नूर बरसता है
न पूछो मुझे लेकर आरवाह में वो कितनी दूर आ जाता है

आंखों में डाल के जबरदस्ती मय जो है मुझको पिला डाली
'बेनिशाँ' फिर उस महफिल में होकर मखमूर आ जाता है

साहिर लुधियानवी के मिसरे के साथ नाकामयाब छेड़छाड़

दुनिया में हूं दुनिया का तलबगार नहीं हूं
अब नफ्सानी चाहतों में गिरफ्तार नहीं हूं

दे दिया है अब तो मैंने इस दुनिया को तलाक
गिलाज़त से हुआ पाक गुनहगार नहीं हूं

कर दिया मैंने सभी तमन्नाओं का इलाज
अब किसी भी ख्वाहिश मैं बीमार नहीं हूं

सारे आमालों की पोटली जलाकर करी राख
सिम्त हो गया हूं अब मैं दीवार नहीं हूं

छोड़ी ये कमीनी दुनिया अब हुआ हूँ बे कैद
दुनिया मैं अब फँसने को तैयार नहीं हूं

फूलों को सूंघने की मैने अब चाहत है छोड़ दी
चमन के दिलकश गुलों का मैं खरीदार नहीं हूं

अब आजाद हो चुका हूं तवाफ है जहान की
मुकम्मल दीवाना हूं मैं होशियार नहीं हूं

फना वो हो गए मुझ में आकर कुछ कमाल था
जब वो मिल गए 'बेनिशाँ' अब बेकरार नहीं हूं

अकबर इलाहाबादी के मिसरे के साथ नाकामयाब छेड़छाड़

दुनिया जिसे कहते हैं जादू का खिलौना है
आसमान की छत है धरती का बिछौना है

तेरा नहीं है कुछ भी सब छोड़ना पड़ेगा तुझको
खेल ले तू खेल अपना दो गज में तुझे सोना है

कमा ले करम कुछ तो छोड़ बदकारियों को
जो लूटा बदआमालों से पाना नहीं खोना है

सिर पर है बोझ भारी आरजूएं अभी अधूरी
ख्वाहिशों का बोझ तो ये हर रोज़ का रोना है

क्यों हो भागते फिरते नफ्सानी तमन्ना लेकर
कर लो तवक्कुल थोड़ा वही होगा जो होना है

कर ली मैंने नदामत गुनाहों से सारे अपने
उसकी याद में आंसुओं से पलकों को भिगोना है

लेकर सहारा उनका रोकर तू पाक होगा
आहों की मालाओं में आंसुओं को पिरोना है

दे अपनी कश्ती की पतवार अब उनके हाथों में
मत देर कर 'बेनिशाँ' अब पार तुझे होना है

निदा फ़ाज़ली के मिसरे के साथ नाकामयाब छेड़छाड़

तस्कीन को हम न रोएं जो ज़ौक़े नजर मिले
उम्मीद है तेरी तवज्जो का मुझे कुछ तो असर मिले

ढूंढता रहा मैं खुद ही को तो खिलवतों में अकसर
शायद मुझको भी ढूंढता हुआ कोई हमसफ़र मिले

सिर चाक करके मेरा फिर कहां गया वह जाने
मेरे कातिल का पता कहीं शायद तेरे शहर मिले

फकीरी के ज़ौक़ में तो कुछ इस तरह हुआ मैं गुम
बादशाहत भी छोड़ दूंगा मुझे तोहफे में गर मिले

मिलना कभी यूसुफ का तो जुलेखा से क्या हुआ था
शायद किसी नुजूमी से भी कभी तेरी खबर मिले

दो टुकड़े हुए थे उसके वो कहीं पर तो होगा
कभी चांद जो खो गया था शायद तेरे घर मिले

रेज़ा रेज़ा कर दे तू मेरे दिल के आईने को
ये तुम्हारे मेरे नसीब खुदारा किस कदर मिले

हर वक्त ही हूं मैं रहता मुब्तिला अज़हद फुगां में
जब भी मिले 'बेनिशाँ' पुरनम चश्मेतर मिले

मिर्ज़ा ग़ालिब के मिसरे के साथ नाकामयाब छेड़छाड़

तुम इतना जो मुस्कुरा रहे हो क्या गम है जिसको छुपा रहे हो
रहने दो मुझे अपने ही जहां में क्यों दिल मुझसे लगा रहे हो

हमेशा तुम करो वही बातें वह उदास दिन और चांदनी रातें
दिलशिकन जो कर दे मेरा किस्सा हर वक्त क्यों तुम सुना रहे हो

गरीब पर कुछ सितम हो गया है भरोसा तुम पे कम हो गया है
मिला नहीं कोई मेरे अलावा बेसहारा किसको बना रहे हो

मालूम है मुझे ख़लिश तुम्हारी जब तक न खत्म हो न चैन पाओ
मुझे सता कर मुझे रुला कर क्यों आग अपने दिल की बुझा रहे हो

मैं अकेला अच्छा हूं इस जहां में चैन और सुकून से हूं मैं रहता
तेरे अहसानों का मुझ पर बोझ भारी मुझे क्यों जबरन दबा रहे हो

ज़ाहिर गम तुम कितना भी कर लो असलियत तो ये कभी न छुपेगी
चोट तो थी मैंने खाई क्यों तुम आंसू सजा रहे हो

अच्छा किया तुमने नदी किनारे खत्म ही कर दिये थे किस्से सारे
मुझे भूल जाने की तलब में पुराने खतों को बहा रहे हो

बहुत हुआ अब तो छोड़ो मुझको दुआएं बहुत सारी दूंगा तुमको
कहीं और जा दिखाओ ये नखरे 'बेनिशाँ' को जो तुम दिखा रहे हो

कैफी आज़मी के मिसरे के साथ नाकामयाब छेड़छाड़

तन्हा तन्हा दुख झेलेंगे महफिल महफिल गाएंगे
कसम ये हम से तुम ले लो दिल न तुम से लगाएंगे

जान तो ये ले लो अब मेरी शायद तुम्हें इससे खुशी हो जाए
दिल पर मेरे है बोझ भारी हम उसकी जलन बुझाएंगे

कैसा बीता वक्त ये मेरा खुशी मिली पर रंज था ज्यादा
हम चैन देंगे सुकून दे देंगे लो जान अपनी सुखाएंगे

पूरे हुए नहीं जो देखे सपने जो नहीं हो पाए अपने
जो तुमने दिखाए थे बारहा पलकों से अपनी हटाएंगे

देख लिया अब जाने जां दूर से भी ये पास से तुमको
तुम न हुए कभी मानूस किसी के ये हर किसी को बताएंगे

वक्त की कश्ती रुकी हुई थी कई दिनों से इंतजार भी था
देखो अब हम चल पड़े हैं कहीं तो जहां नया बसाएंगे

कहानी तुम्हारी खत्म न होगी जिंदा रखेंगे उसको हम तो
हर तुम्हारे दीवाने को फिर नामेहरबानियां तुम्हारी सुनाएंगे

आदत तुम्हारी बिगड़ गई है खेलना तुम भूल ही चुके हो
'बेनिशाँ' करते हैं दुआ भले की फिर भी तुम्हें समझाएंगे

निदा फाज़ली के मिसरे के साथ नाकामयाब छेड़छाड़

48. नुक्ताचीं है गमे दिल उसको सुनाए ना बने

नुक्ताचीं है गमे दिल उसको सुनाए न बने
बयां हुआ आंखों से ये इश्क और छुपाए न बने

छुपा लिये चंद कतरे जो याद में निकले थे तेरी
और कहां से लाऊं आंसू कुछ भी ये बताए न बने

जब ख्याल नहीं है तुम्हें हमारा हम भी चुप हो ही गए हैं
गोयाई फिर क्यों बंद हो गई ये क्यों सुनाए न बने

थोड़ा ही तो जलवा देखा मेरे होश भी उड़ गए थे
खौफज़दा हूआ जमाल से क्यों पर्दा उठाए न बने

ये भी क्या शराफत है तुम्हारी मना ही कर देते मुझको
भेजे थे हजार दावतनामे क्यों तुम्हें आए न बने

दुनिया वालों को फिर पता लगा था अजब मेरे दिल का हाल था
कुछ भी बताए बना नहीं और है आंख मिलाए न बने

आग देखो जंगल की तो सब कुछ कर देती खाक है
अब तुमही कुछ करो जतन ये मुझसे तेरी अगन बुझाए न बने

आंखें हैं जो याद में तेरी बरसा हमेशा हैं करती
बारिश है ये आंसुओं की 'बेनिशाँ' फिर रुकाए न बने

मिर्ज़ा ग़ालिब के मिसरे के साथ नाकामयाब छेड़छाड़

न था कुछ था तो खुदा था न कुछ होता तो खुदा होता
फना ऐसा हो जाता मैं गोया उनकी सूरत ही बना होता

रोक नहीं सकता था मैं तो अपने इस दिल के जोश को तो
उछल के मेरा ये दीवाना दिल दामन में रखा होता

निकला था जो आंख से पानी वो असल में गौहर था
आंसू बनकर बाराते नूरानी पलकों में सजा होता

एक सन्नाटा था पसरा पलक नहीं हिलती थी वहां पर
कैफियत के इस आलम में बस वक्त थमा होता

दीवानगी का दौर है अंजाम सभी को तो है मालूम
मौजूद होता मैं हर जा में हर जगह जलवा होता

राहें तो अजनबी थीं मगर तुम तो अपने थे
यूं ही गुज़र गए थे कुछ कहा होता कुछ सुना होता

मिलना तो असल होता है जब होता है चाक गिरेबां
मिलन की ताब दिल में गर वस्ल लिखा होता

मुझे और कोई ठौर नहीं बस देखो तवस्सुल है तुम पर
बज़ा होता 'बेनिशाँ' ये सिर उनके कदमों में रखा होता

मिर्ज़ा ग़ालिब के मिसरे के साथ नाकामयाब छेड़छाड़

दिल में इक लहर सी उठी है अभी कोई ताजा हवा चली है अभी
घायल मजलूम मेरी बेबस आंखें दर्द से तो देखो भरीं हैं अभी

अचानक इतनी चोटें दी उसने समझ में आखिर कुछ नहीं आया
उसकी बेज़ारी देख देख कर कल्ब मैं बड़ी बेखबरी है अभी

काश कभी ये तो हो पाता हम अक्सर सोचा करते थे
दिल नहीं भरा उनको पाकर यह जिंदगी तो नई है अभी

पूरी बात को बिना समझे तुम तो नतीजे पर जा पहुंचे
परख लो कुछ देर और मुझको दिल को ये लगी है अभी

कोशिशें मेरी तो थीं पूरीं शायद कहीं थी खराब किस्मत
दिल को सुकून तो मिल नहीं पाया मुझ में ही कुछ कमी है अभी

अब जान लबों तक आ पहुंची है बस थोड़ी देर का मसला है
जब तक सांसे हैं बाकी मेरी नजरें तुम्हें ढूंढतीं हैं अभी

आंखों को तो बंद ही रक्खो चंद लम्हों में हो जाने दो ढेर
तुम ना खोलो पलकें मेरी सुकून से देखो भरीं हैं अभी

तारीकी के इस मौसम में कहीं से कुछ किरन तो आए
सब दरवाजे बंद हुए 'बेनिशाँ' कोई खिड़की लगता खुली है अभी

नासिर काज़मी के मिसरे के साथ नाकामयाब छेड़छाड़

बात साकी की न टाली जाएगी करके तौबा तोड़ डाली जाएगी
तब उनके कूचे में तुम देखना मेरी मैयत निकाली जाएगी

बस आज ही होगा जो होना है कल को ये किसने देखा है
समेटकर आंसुओं की रिमझिम पलकों में सजा ली जाएगी

मौका मिला है ये अनमोल हथेली पर लेकर अपना सिर
सवाली बनकर दार पर चढ़ के किस्मत बना ली जाएगी

मुकद्दर लिखने पर जब आते हैं सब कुछ अता कर देते हैं
कोई शक नहीं जब उनकी अता से किस्मत सँवारी जाएगी

गर वक्त मिला उनके कदमों में दिल खोल के मैं तो रख दूंगा
उन्हें ख़बर मेरे हाले दिल की रोते हुए सुना ली जाएगी

जाने वो कैसा दिन होगा जब इश्क अंजाम पर पहुंचेगा
खुशियां जमाने भर की फिर उनसे नसीब में लिखा लीं जाएगी

बस एक मौका मुझको दे दो कुछ परख भी लो दीवाने को
एक इशारे पर उनके बाजी जान की लगा ली जाएगी

करम हुआ उनका करम हुआ अब रहमत की ये बारिश है
कदमों में फिर उनके जाकर 'बेनीशां' ज़ीस्त संभाली जाएगी

जलील मानिकपुरी के मिसरे के साथ नाकामयाब छेड़छाड़

बाज़ीचा ए अतफाल है दुनिया मेरे आगे
मुश्किल है अजीब है ये मसला मेरे आगे

क्या मुझे ही चढ़वाना है सूली पर आज शब
कोई और नहीं था जो किया मसीहा मेरे आगे

जब देखो तब नखरे उनके बैठ जाना रूठ के
हर रोज बार-बार क्यों हो ये तमाशा मेरे आगे

सुना है कश्ती आज उनकी लग जाएगी किनारे
मस्ती में झूम रहा है दरिया मेरे आगे

ख्वाहिशों से तुम बाहर क्यों नहीं निकलते हो
जब मिलते हो करते हो तमन्ना मेरे आगे

हुबाबे हस्ती नहीं टूटता जब सब तो खत्म हो गया है
बेकार तो है उसका जिक्र खामख्वाह मेरे आगे

बहुत वक्त अब हो गया है अंधेरों में भटकते
खुदा के लिए अब तो कर दो वो चेहरा मेरे आगे

छुप जाना है मुझको तो उनके जमाल के पीछे
रोशन कर दो नाम उनका अब 'बेनिशाँ' मेरे आगे

मिर्ज़ा ग़ालिब के मिसरे के साथ नाकामयाब छेड़छाड़

53. बस कि दुश्वार है हर काम का आसां होना

बस कि दुश्वार है हर काम का आसां होना
बस कुछ पेचीदा है खुद का चाक गिरेबां होना

हस्ती का हुबाब जिस वक्त भी है टूटे
गुल का अंजाम क्यों न हो गुलिस्तां होना

जब रोशनी हक की मिल जाती है किसी दम भी
फिर फर्क नहीं पड़ता कहीं से उरियां होना

अक्ल के परे पहुंच कर हैरत के इस आलम में
अचरज नहीं हो जब इदराक का हैरां होना

हक की लड़ाई हर जगह लड़ने के लिए हमने
देखा है आम आदमी को कुछ बेकराँ होना

करिश्मों की भीड़ में अब मुश्किल है तुम देखो
हर एक तुम्हारे मौजज़े का मेरा फिर राजदां होना

फराख दिली फैले इतनी कि तुम्हें भी खबर हो
दिल की वुसअत फैलकर एक आसमां होना

ताज्जुब में पहुंचकर चुप के तो लगे ताले
हम सुखन होकर ‘बेनिशाँ’ का फिर बेजुबां होना

मिर्ज़ा ग़ालिब के मिसरे के साथ नाकामयाब छेड़छाड़

रोया करेंगे आप भी पेहरों इसी तरह
महबूब तुम्हारा बरहम हो तुम पर मेरी तरह

न जीने देते हो न मुझे मरने ही देते हो कभी
पीछे ही पड़ जाते हो तुम मेरे सभी तरह

मजा आएगा जब तुम्हारे चेहरे को देखकर
जब तंग करेंगे आपको हम भी अच्छी तरह

आज तक तो मिला नहीं मौका कभी मुझे
काश मैं कभी जीत पाऊँ तुमसे बुरी तरह

कभी हाथ जेब में हैं तो लेकर कभी उधार
तरीके हैं राहजनी के तुम्हारे कई तरह

तुम्हारा तो कुछ होगा नहीं पकड़ा मैं जाऊंगा
लटका देंगे दार पर सब मुझे कई तरह

तुम तो डूबोगे ही सनम मुझको तो छोड़ दो
शायद बच के निकल जाऊं मैं किसी तरह

इतना सब तो है पर मुझे छोड़कर ना जाना
'बेनिशाँ' निकल जाएगी जान मेरी बुरी तरह

मोमिन खां मोमिन के मिसरे के साथ नाकामयाब छेड़छाड़

देर लगी आने में तुमको शुक्र है फिर भी आए तो
बहार बहुत रूठी है मुझसे कोई चमन महकाए तो

कर लो तुम कोशिशें हजारों कठिन बहुत है पर्दादारी
चेहरा बयां ही कर देता है जब दर्द अपने छुपाए तो

रोते सारी रात बीत गई जाने कब हो गई सुबह
बड़ी मुश्किल है उस यार की सोते को जगाए तो

उम्र ही पूरी गुजर गई अब मिलना रूबरू है तुमसे
आ जाओ अब सामने मेरे दिल गीत पुराने गाए तो

घूमता हूं किस्मत का मारा ढूंढता फिरूं मैं सोजे दरूं
कहीं कोई होगा दिलवाला जो 'बेनिशाँ' को अपनाए तो

उजड़ा हुआ मुद्दत से हूं मुझे पूछने वाला कोई नहीं
आ ही गये हो ओ जाने जां सीने से लग जाए तो

बिरहन की तरह से रो रो कर के दरिया है मैंने बहा डाला
पोंछ दे कोई मेरे आंसू दिल से अपने लगाए तो

कभी वक्त ऐसा भी होता है खौफ ग़ालिब हो जाता है
तेरे जुल्मों सितम की बातें गर 'बेनिशाँ' नहीं दोहराए तो

अंदलीब शादानी के मिसरे के साथ नाकामयाब छेड़छाड़

56. बात करनी मुझे मुश्किल कभी ऐसी तो न थी

बात करनी मुझे मुश्किल कभी ऐसी तो न थी
निगाहें तेरी यह क़ातिल कभी ऐसी तो न थी

जाने कैसे करम हुआ उसने नजरें भरकर देखा
तेरी नजरों की आजमाइश माइल कभी ऐसी तो न थी

ऐसा वक्त भी आता है जब सपना हो जाता है सच
इतने परवान पर चढ़ी हुई महफिल कभी ऐसी तो न थी

कुछ लोग हैं नसीब वाले जिनको सिला मिल जाता है
इतनी कठिन होगी ये तेरी मंजिल कभी ऐसी तो न थी

नशा गहरा हुआ मेरा होशो हवास पता न थे
रूह फिर हो गई इतनी गाफिल कभी ऐसी तो न थी

देखो न ऐसी नजरों से मुझे मैं घायल हो जाऊंगा
जितनी वो फिर हो गई संगदिल कभी ऐसी तो न थी

सांस के तार अब टूट चले आंखें पथरा गईं हैं मेरी
जिंदगी मेरी जो हुई बेहमिल कभी ऐसी तो न थी

जान लबों तक आ पहुंची कुछ लम्हों का है खेल ये बचा
'बेनिशाँ' जीस्त हुई बिस्मिल कभी ऐसी तो न थी

बहादुर शाह जफर के मिसरे के साथ नाकामयाब छेड़छाड़

आपकी   याद   आती   रही   रात   भर
जलन   सारी   बुझाती   रही   रात   भर

जाने   किन   पुरानी   बातों   को   ले   कर
आंसुओं   को   बहाती   रही   रात   भर

शौक   से   वह   भी   सब   सुनता   रहा
नई   कहानी   सुनाती   रही   रात   भर

कदमों   में   उसके   सिर   को   रखकर
पलकों   पलकों   सजाती   रही   रात   भर

आंखों   से   निकले   जो   अनमोल   गौहर
वो   दिखाती   लजाती   रही   रात   भर

याद   करके   हिज़   की   उन   रातों   को   तेरी
दिल   को   तो   दुखाती   रही   रात   भर

लेकर   के   उधार   उस   से   जमाल   थोड़ा
जीस्त   मेरी   जगमगाती   रही   रात   भर

याद   में   अज़हद   वो   रो-रो   कर   क्यों
'बेनिशाँ'   को   बुलाती   रही   रात   भर

____

फैज़ अहमह फैज़ के मिसरे के साथ नाकामयाब छेड़छाड़

58. लाखों में इंतखाब के काबिल बना दिया

लाखों में इंतखाब के काबिल बना दिया
तुम्हारे करम ने मुझे महे कामिल बना दिया

बचाए रखा था ये कातिल नजरों से मुझको
निगाहों की चोट ने मुझे बिस्मिल बना दिया

नजरअंदाजियों का तुम्हारी असर तो ये हुआ
बेरुखी ने मुझे फिर संगदिल बना दिया

मेरी जिंदगी की पहेली में तूने कदम रक्खे
इस मामले को और भी मुश्किल बना दिया

दिखते हो तुम मुझे बड़े नर्म मिजाज़ वाले
तुम्हें यह अब किसने कातिल बना दिया

थोड़ा गुलाब थोड़ी खुशी और थोड़ी सी चांदनी
ये चीजें मिलाकर कहीं मेरा दिल बना दिया

आरस्ता होकर तुम्हारी रोशनी में ये फिर
सर्द मेरी ये जीस्त को तुमने खुशदिल बना दिया

घेरे हुए रहते हैं मुझे कई लोग सुबहो शाम
क्यों तुमने 'बेनिशाँ' को कामिल बना दिया

जिगर मुरादाबादी के मिसरे के साथ नाकामयाब छेड़छाड़

59. यह दिल यह पागल दिल मेरा क्यों बुझ गया आवारगी

यह दिल यह पागल दिल मेरा क्यों बुझ गया आवारगी
काफिले में कोई नहीं बचा हर एक लुट गया आवारगी

खबर मिली कि वो आ रहा हर कोई खैर मकदम को चला
शहर पूरा तो वीरान हुआ क्या कमाल हुआ आवारगी

जिंदगी का यह काफिला सब तो चले गए छोड़कर
जश्ने बहारां अब हो रहा तुम ले लो मजा आवारगी

वह चला गया मुझे छोड़ कर मुझे न अब तक है यकीन
उस सहरा में अब दूर से आती सदा आवारगी

खैरियत हुई मुझे तू मिला आबाद हुआ वीरान दिल
दिल रफ्ता उस गर्मिए बाजार से पिघलने लगा आवारगी

जब भी खिलाफ मर्जी मेरी उसने तो कभी कोई बात की
मैंने तो कुछ सुना नहीं लोगों ने कहा आवारगी

उसके छोड़ के जाने की खबर वह तो एक अफवाह थी
उड़ती उड़ती कोई बात थी मैंने भी सुना आवारगी

अब जो हुआ सो हुआ अब चले चल नई सिम्त को
कहने दो लोगों को 'बेनिशाँ' तू क्यों बन गया आवारगी

मोहसिन नकवी के मिसरे के साथ नाकामयाब छेड़छाड़

60. यह क्या जगह है दोस्तों यह कौन सा दयार है

यह क्या जगह है दोस्तों यह कौन सा दयार है
तुम्हारी निगाहें नाज से हर शख्स गिरफ्तार है

जब भी उसने देखा मुझे कुछ कशिश सी पैदा हुई
जिस सिम्त नजर जा रही बस बहार ही बहार है

पूरा शहर तो फना किया जनाब मुझे न छोड़िए
दरिया उठा है मौज का और हर तरफ दीदार है

जब शातिरों का हुआ शुमार ग़ायब कहीं उनका नाम था
सब असीर उनके दाम में कोई उनसा गुनहगार है

जाने तुमने क्या जादू किया सारे के सारे हुए फिदा
हर कोई कदमों में है पड़ा हर कोई वफादार है

दरिया किनारे जब आमद हुई सैलाब सा तो उमड़ पड़ा
देखो छूने को पैरों को तेरे हर मौज बेकरार है

चल पड़े तेरी खोज में कारवां जब सारे निकल गए
जहां तक भी नजर गई जिस सिम्त देखो गुबार है

आखिर में उनकी बज़्म में रौनके जहां सब आ गए
देखो तो हर कोई आ गया 'बेनिशाँ' तेरा इंतजार है

शहरयार के मिसरे के साथ नाकामयाब छेड़छाड़

मुंह की बात सुने हर कोई दिल के दर्द को जाने कौन
सब कोई तो रवां हुए आया तेरे निशाने कौन

देखा सारे कत्ल पड़े हैं 'बेनिशाँ' भी हो गया शहीद
एक एक की खबर तो लो इस शहर में है दीवाने कौन

भीड़ भाड़ में इस दुनिया की हर एक का ये दावा है
असली शैदाई हैं इनमें कितने जाने और अनजाने कौन

आबाद गुलिस्तान था जब तुम से फूल चहकते रहते थे
जाने कहां तुम चले गए खुले नए वीराने कौन

अनजानों की इस बस्ती में थोड़ा एहतियात से रहना है
दिल की बातों का पता लगाकर लगा न दे ठिकाने कौन

मालूम है तुम किया करते हो इंतजार किसी का सुबहो शाम
आकर देखो कोई आया है मिलने के बहाने कौन

तुम्हारे जमाल की रौशनी में मेरे होशो हवास उड़े
जानम मैं तो भूल गया इनमें नए और पुराने कौन

बैठ जाओ तुम कहीं ढूंढ कर यहां अजीब सा मसला है
अगियारों की इस बस्ती में 'बेनिशाँ' को पहचाने कौन

निदा फ़ाज़ली के मिसरे के साथ नाकामयाब छेड़छाड़

62. मुझे सहल हो गई मंजिलें व हवा के रुख भी बदल गए

मुझे सहल हो गई मंजिलें व हवा के रुख भी बदल गए
कुछ ऐसी करम की हवा चली जो अज़ाब थे वो टल गए

पहले तो था मैं गुमशुदा अब हरेक की तो नजर में हूं
कांधों पर सब ने उठा लिया दिल दुश्मनों के दहल गए

दुनिया में अक्सर लोग जब मकबूल किसी तरह हो गए
संभल संभल कर रखे कदम फिर सराबों में फिसल गए

ऐसी रहम की मौज थी इधर काम मेरे सब बन गए
जो नाराज थे सरे शाम से आखिर यूं ही बहल गए

'बेनिशाँ' तुम न सुनाओ कभी क्या तुम्हारा हाले ज़ार था
क्या बयां करूं तेरी ताब का जमाल में सब पिघल गए

तेरा आफताब जब तुलू हुआ असर से कोई न बच सका
सब के सब तो फना हुए जो बचे रहे वो भी जल गए

सदियों में आमद होती है कभी किसी मुख्तारे निजाम की
देखने को तेरा नज़ारा दिल तितलियों की तरह से मचल गए

बहुत वक्त से सोचता हूं दिल से जवाब नहीं आ रहा
'बेनिशाँ' नहीं था बेवफा फिर क्यों तुम बदल गए

मज़रूह सुल्तानपुरी के मिसरे के साथ नाकामयाब छेड़छाड़

एक लफजे मोहब्बत का अदना यह फसाना है
तुम्हारे कदमों में रुक कर किस्मत को बनाना है

कहते हैं रोजे जज़ा को तो हिसाब सबका होगा
किसी कामिल से मुहब्बत कर जो कर दे दीवाना है

करिश्मा उसका हम देखें बेजार से बैठे हैं
काम है उसका पसंदीदा जलवों को दिखाना है

पत्थर हुआ है यह दिल पिघलता नहीं कभी भी
कोशिश है मेरी सरजद इसे पुरजोर रुलाना है

यह तो है इल्जाम मुझ पे कितनी अना है मुझ में
दुश्वार नहीं है मेरी खुदी मुश्किल यह जमाना है

कैद में है ये बुलबुल सैयाद से है अर्ज करती
आजाद कर दे पिंजरे से मुझे गीतों को सुनाना है

ठोकर है बहुत है खाई अब पहुंचा तुम्हारे दर पे
मिल जाए तो जन्नत है खो जाए फसाना है

जी चाहा उसने खेला और उलट पलट के तोड़ा
'बेनिशाँ' इस टूटे कुचले दिल को सजाना है

जिगर मुरादाबादी के मिसरे के साथ नाकामयाब छेड़छाड़

मुद्दत हुई है यार को मेहमां किए हुए
लेते हैं नाम तुम्हारा खुद को निहां किए हुए

सुनते हैं बहुत शोर हर दौरे जमां बरपा
चर्चे तुम्हारे जमाल के तूफां किए हुए

कभी किस्मत से हमारे आएगा वक्त ऐसा
तेरी आमद होगी ज़मीं गुलिस्तां किए हुए

कहा था मुझे उसने मिलूंगा वक्ते मुर्दन
हम कब से बैठे हैं मरने का सामां किए हुए

लगी इश्क की इक चोट फिर जान लुटा बैठे
फना कर दी खुदी हमने चाक गिरेबां किए हुए

कहीं दूर दूर तब तो कोई दिखता भी नहीं था
नाम तुम्हारा लेकर तब से चिरागां किए हुए

हर एक को है ताज्जुब आखिर ये जनाब हैं कौन
हसीन सी हसरत को दिलोजां किए हुए

नाम है तुम्हारा ऐसा सब चिराग जल पड़े हैं
इस तीरगी में 'बेनिशाँ' रौशन मकां किए हुए

मिर्ज़ा ग़ालिब के मिसरे के साथ नाकामयाब छेड़छाड़

बहुत पहले से उन कदमों की आहट जान लेते हैं
हम खुद का ही तो हर वक्त बस इम्तिहां लेते हैं

कोई पूछे तो हमसे बताओ क्या है तुम्हारा हाल
बड़े मजे से हम फिर हर जां तेरा नाम लेते हैं

पड़ती है जब भी गर्दिश तो हम औसान नहीं खोते
वक्त की मुश्किलों में हिम्मत से फिर काम लेते हैं

हर वक्त ही रहती है हर जगह खोज तेरी
तू गर नहीं भी आए आना मान लेते हैं

शुक्र है अभी तक हमारी याददाश्त है सलामत
अपनों की भीड़ में गैरों को पहचान लेते हैं

दीदार को तुम्हारे कभी हम पहुंच न पाए
इस बार जरूर जाएंगे मन में ठान लेते हैं

हमारे लिए तो असल में यह बात एक फख्र की
और अहसान छोड़ कर आपका एहसान लेते हैं

सभी जानते हैं हमारी है कुछ नहीं औकात
तुम्हारे दम पे ही 'बेनिशाँ' सीना तान लेते हैं

फिराक गोरखपुरी के मिसरे के साथ नाकामयाब छेड़छाड़

66. आंखों में बस के दिल में समा कर चले गए

आंखों में बस के दिल में समा कर चले गए
किस्मत में मेरे रौशनी लिखा कर चले गये

अंधेरों से हमेशा ही जब कभी सामना हुआ
अनकही इक बात मन में बता कर चले गए

आंखों ही आंखों में एक नई तरह से
किस्सा अपने जमाल का सुना कर चले गए

मिलने का वादा तो बड़ी ईमानदारी से किया
दिल की लगी को फिर बुझा कर चले गए

आए भी और पलक झपकते ही चले गए
आग हिज्र की और भी लगा कर चले गए

मैं और क्या सजाता ओ बेपरवाह तेरे लिए
पलकों पर आंसुओं को सजा कर चले गए

मिलने का उससे देखो यह तो फायदा हुआ
सोई हुई जीस्त को फिर जगा कर चले गए

दिल को बचाने के लिए जाने कितने किए जतन
फिर भी 'बेनिशाँ' के दिल को चुरा कर चले गए

जिगर मुरादाबादी के मिसरे के साथ नाकामयाब छेड़छाड़

सितारों से आगे जहां और भी हैं
सफर और भी हैं कारवां और भी हैं

कुछ ऐसे लोग हैं जो कह भी न पाए
नाबीना और भी हैं बेजुबां और भी हैं

महदूद कर अपने को तू अब रह यहीं पर
हमसफर और भी हैं पासबां और भी हैं

क्या और हैं नहीं इन कुछ के सिवा तेरा
ए गुलशन तेरे लिए बागबां और भी हैं

यह राह ऐसी है जो खत्म हो नहीं पाती
परख और भी हैं इम्तिहान और भी हैं

मंजिल पर पहुंच कर मत समझ लेना आखिर
अभी तो बहुतेरे तूफान और भी हैं

बसेरा तो तेरा अब होगा कहां पर
अभी देखो लो तमाम आशियां और भी हैं

ठहर नहीं देखकर इन सितारों को कभी भी
चले चल 'बेनिशाँ' अभी आसमां और भी हैं

अल्लामा इकबाल के मिसरे के साथ नाकामयाब छेड़छाड़

68. कोई सागर दिल को बहलाता नहीं

कोई सागर दिल को बहलाता नहीं
प्यास जिंदगी में कोई बुझा पाता नहीं

बहुत की है लोगों ने हर तरह की कोशिश
दिल की लगी को कोई बता पाता नहीं

मुश्किल है अपनी खुदी कभी जा निकलना
आग अपनी अना में लगा पाता नहीं

बढ़ती ही चली जाती है जितना करो जतन
दिल के तूफां के आगे ठहर पाता नहीं

जाने क्या हो जाता है ये लबों को मेरे
दिल की पाती खोल कर सुना पाता नहीं

जब कभी देखते हो कि वो गर्क हो रहा
क्यों कोई उस भूले को राह बतलाता नहीं

नाकारापन तो है किसी नाकिस की अलामत
फर्ज जिंदगी भी कोई निभा पाता नहीं

खोल के रख देते हैं दिल का ये मेरा हाल
अश्कों को तू 'बेनिशाँ' क्यों छुपा पाता नहीं

शकील बदायूंनी के मिसरे के साथ नाकामयाब छेड़छाड़

रुके रुके से कदम रुक के बार बार चले
एहसासों के तूफां में कश्ती हम उतार चले

बंद करो न ये किस्सा अभी तो बची है रात
यार का ज़िक्र चले और बार बार चले

जलन हम दिल में लिए हैं और उन्हें खबर नहीं
कूचा ए जाना में देखो हम बेकरार चले

आए थे सजा काटने को तुमने अमान दी
गली में तुम्हारी देखो हमसे गुनहगार चले

दिलकश रौशनी में कुछ सूझता भी नहीं था
उसके जमाल में होकर गिरफ्तार चले

पूंजी नहीं अमाल की पर हौसला भी तो है
पल्ले में कुछ नहीं था ये कैसे खरीदार चले

जब कोई आया नहीं मेरे डूबने के बाद
मुश्किलों में फिर जानां तुमको हम पुकार चले

मेरा तो काम बन गया शायद उन्हें खबर न हो
उनके शहर में 'बेनिशाँ' हम जिंदगी संवार चले

गुलज़ार के मिसरे के साथ नाकामयाब छेड़छाड़

www.ingramcontent.com/pod-product-compliance
Lightning Source LLC
LaVergne TN
LVHW011055200726
843509LV00011B/1408